BEI GRIN MACHT SICH IHR WISSEN BEZAHLT

- Wir veröffentlichen Ihre Hausarbeit, Bachelor- und Masterarbeit

- Ihr eigenes eBook und Buch - weltweit in allen wichtigen Shops

- Verdienen Sie an jedem Verkauf

Jetzt bei www.GRIN.com hochladen und kostenlos publizieren

René Kmet

Der Begriff des Verlusts der Grazie bei Heinrich von Kleist im Bezug auf die Darstellenden Künste

GRIN Verlag

Bibliografische Information der Deutschen Nationalbibliothek:

Die Deutsche Bibliothek verzeichnet diese Publikation in der Deutschen National-
bibliografie; detaillierte bibliografische Daten sind im Internet über http://dnb.d-
nb.de/ abrufbar.

Impressum:

Copyright © 2012 GRIN Verlag, Open Publishing GmbH
Druck und Bindung: Books on Demand GmbH, Norderstedt Germany
ISBN: 978-3-656-22706-9

Dieses Buch bei GRIN:

http://www.grin.com/de/e-book/196161/der-begriff-des-verlusts-der-grazie-bei-
heinrich-von-kleist-im-bezug-auf

GRIN - Your knowledge has value

Der GRIN Verlag publiziert seit 1998 wissenschaftliche Arbeiten von Studenten, Hochschullehrern und anderen Akademikern als eBook und gedrucktes Buch. Die Verlagswebsite www.grin.com ist die ideale Plattform zur Veröffentlichung von Hausarbeiten, Abschlussarbeiten, wissenschaftlichen Aufsätzen, Dissertationen und Fachbüchern.

Besuchen Sie uns im Internet:

http://www.grin.com/

http://www.facebook.com/grincom

http://www.twitter.com/grin_com

Bundesgymnasium 13 Fichtnergasse

Der Begriff des Verlusts der Grazie bei Heinrich von Kleist im Bezug auf die Darstellenden Künste

Fachbereichsarbeit aus Deutsch

von René KMET, 8.B

im Schuljahr 2011/12

Inhaltsverzeichnis

Vorwort

„Wenn Balletttänzer tanzen, machen sie [die] Anstrengung [ihrer] Performance vergessen, sie transzendieren, schaffen einen fast religiösen Moment."[1]

Dieses Zitat des amerikanischen Regisseurs Darren Aronofsky beschreibt die Thematik, mit der sich die vorliegende Fachbereichsarbeit beschäftigt, präzise: Heinrich von Kleist bezeichnete es als Grazie, Friedrich Schiller als Anmut, andere Bezeichnungen sind Natürlichkeit, Authentizität oder Wahrhaftigkeit.

Dabei sind die grundlegenden Fragestellungen, denen diese Arbeit ausgehend von Heinrich von Kleists philosophischem Aufsatz *Über das Marionettentheater* nachgeht, folgende: Was ist Grazie? Ist Grazie beim Menschen möglich? Und wenn ja, wie kann sie erzeugt werden? Ist Grazie ein Naturzustand, oder braucht es menschliches Zutun, um sie hervorzubringen?

Wie diese Arbeit zeigen wird, beschäftigen derartige Fragen die Menschheit bereits seit Jahrhunderten. Besonders im Bezug auf die Darstellenden Künste sind sie fortwährend aktuell, weswegen diese Fachbereichsarbeit die Schauspielkunst als Beispiel zur Veranschaulichung von Grazie in der Praxis herausgreift.

Meine persönliche Motivation zur Wahl dieses Themas liegt zum einen in meiner jahrelangen Beschäftigung mit und Vorliebe für Film, Theater, Schauspiel, Tanz und Gesang begründet, zum anderen in der anhaltenden Thematisierung und Mystifikation von Werten wie Perfektion, Vollkommenheit, Virtuosität oder eben Grazie in Medien, Kunst und Kultur: Sei es die allgemeine Begeisterung für Filme wie *Black Swan* oder *Being John Malkovich*, die sich aufs eindringlichste mit diesen Prinzipien beschäftigen, oder der Kult um Künstler der Vergangenheit und Gegenwart wie Wolfgang Amadeus Mozart, Ludwig van Beethoven, Charlie Chaplin, Alfred Hitchcock, Madonna oder Michael Jackson, denen allesamt Hingabe zur Perfektion, herausragendes Können und verblüffende Mühelosigkeit in der Umsetzung ihrer Kunst nachgesagt wird. Die vorliegende Arbeit bezieht die Theorien Kleists und Schillers auf moderne Schauspieltechniken, um sich auf eine Spurensuche nach dem Ursprung solcher Mühelosigkeit - der Grazie - zu begeben.

René Kmet

Wien, 8. Februar 2012.

---

[1] BORCHOLTE, Andreas: ‚Menschliche Körper und Mathematik, das funktioniert nicht'. -
http://www.spiegel.de/kultur/kino/0,1518,740782,00.html (28.1.2012)

1 Heinrich von Kleists Aufsatz *Über das Marionettentheater*

1.1 Über Heinrich von Kleist

Der im Oktober 1777 in Frankfurt an der Oder geborene Heinrich von Kleist gilt als einer der bedeutendsten deutschen Dichter und Dramatiker. Obwohl er sich keiner bestimmten literarischen Gattung wie der Klassik oder der Romantik zuordnen lässt, leistete er mit Werken wie *Der zerbrochne Krug*, dem Ritterschauspiel *Das Käthchen von Heilbronn* und der Novelle *Die Marquise von O...*, die sich allesamt bis heute großer Beliebtheit erfreuen, einen wesentlichen Beitrag zur deutschsprachigen Literatur. Zu seinen Lebzeiten stieß Kleist jedoch weitgehend auf Indifferenz oder sogar Ablehnung, erst lange nach seinem spektakulär inszenierten Freitod im Jahre 1811 entdeckte ihn die Nachwelt für sich und ließ ihm die Bewunderung zuteilwerden, die ihm eigentlich gebührte.

Kleists Leben war bestimmt von einem „Übermaß an Unglück, Missverständnis und Verkennung in seiner Zeit"[2], aber auch von seinem radikalen Willen, „immer das Äußerste anzustreben und für das Äußerste in Grund und Boden zu gehen."[3] Er selbst bezeichnete sein Leben als „das allerqualvollste, das je ein Mensch geführt hat"[4]. In seinen Werken bringt Kleist seine Verzweiflung und Unzufriedenheit mit einer radikalen Themenwahl zum Ausdruck, forciert werden Gewalt, Sexualität und die Abgründe menschlicher Existenz. Dies dürfte die Ablehnung der damaligen Gesellschaft dem Dichter gegenüber nur noch verstärkt haben. Diese Antipathie ist aber auch auf Kleists durchaus zweifelhaften Lebensstil, seinen einzelgängerischen, meist depressiven Charakter - der auch der modernen Psychologie immer noch Rätsel aufgibt - und seine scheinbare Unfähigkeit, sich gesellschaftlichen Normen und Regeln zu fügen, zurückzuführen. So anerkannt das Werk Kleists heute ist, so umstritten bleibt sein Lebenswandel.

Adam Müller bezeichnete seinen Freund Kleist einst als einen „echten Vorfechter für die Nachwelt"[5]. Er wusste gar nicht, wie recht er damit behalten sollte, denn erst hundert Jahre nach Kleists Tod begann man, sich mit der Philosophie seiner Werke ernsthaft zu beschäftigen und sie zu verstehen. Heute wird die Faszination des „Mythos Kleist" durch ständig neuerscheinende Biographien und Analysen seiner Arbeit noch weiter geschürt. In zahlreichen Publikationen wird dabei der 1810 erschienene Aufsatz Kleists *Über das*

---

[2] SCHOLZ, Ingeborg: Heinrich von Kleist: Über das Marionettentheater. Analysen und Reflexionen, Bd. 33. - Hollfeld: Beyer 2008, Seite 5.
[3] Ebd. Seite 5.
[4] GRAEFE, Raphael (Hg.): Heinrich von Kleist - Geschichte meiner Seele. - Berlin: University Press 2010, Seite 401.
[5] SEMBDNER, Helmut (Hg.): Heinrich von Kleists Lebensspuren. Dokumente und Berichte der Zeitgenossen. - Frankfurt/Main: Insel 1977, Seite 185.

Marionettentheater als Schlüssel zum Gesamtwerk und zur Lebensphilosophie des Dichters betrachtet.[6] Tatsächlich finden sich in Kleists Werken und in seiner Biographie immer wieder Parallelen zu diesem facettenreichen und philosophisch tiefgehenden Essay. Doch auch seine Aktualität und seine Bedeutung für die darstellenden Künste, insbesondere für die Schauspielkunst, machen den Aufsatz *Über das Marionettentheater* zu einem der interessantesten Werke Kleists.

1.2 Entstehung des Aufsatzes

Nachdem Heinrich von Kleists Ritterschauspiel *Das Käthchen von Heilbronn* im März 1810 seine Uraufführung in Wien hatte, veröffentlichte der Dichter den Aufsatz *Über das Marionettentheater*. Wann genau er diesen verfasst hat, ist aufgrund der Datierung des Essays auf 1801 jedoch unklar. Unverkennbar sind - trotz gravierender Unterschiede in Form und Handlung - die Parallelen zwischen dem *Käthchen von Heilbronn* und Kleists philosophischer Abhandlung: „Bei genauerer Betrachtung kann an der Figur des Käthchens die Kleistsche Auffassung von Grazie erkannt werden, welche er in *Über das Marionettentheater* entwickelt hat."[7]

Erstmals erschienen ist der Aufsatz in vier Folgen vom 12. bis 15. Dezember 1810 in der Tageszeitung *Berliner Abendblätter*, die von Kleist im Oktober desselben Jahres gegründet worden war und beim Publikum aufgrund ihrer Originalität großen Anklang fand, Ende März 1811 jedoch aufgrund von Geldnot und Druck von Seiten der Regierung aufgelassen werden musste. Die Zeitung setzte sich aus einer bunten Mischung von Polizeimeldungen, Militäranekdoten, Gedichten, zum Teil sehr regierungskritischen politischen Artikeln und ästhetischen Essays zusammen.[8] Die Tendenz der *Berliner Abendblätter* zur Verbreitung von belanglosem Klatsch und Tratsch pflegten hiesige Konkurrenzblätter häufig zu parodieren. So findet sich in der Rubrik „Tagesneuigkeiten" der Zeitung *Beobachter an der Spree* vom 19. November 1810 folgende Anspielung auf Heinrich von Kleists journalistische Arbeit:

> „Am verwichenen Donnerstag sind durch Nachlässigkeit zweier Dienstmädchen die Erbsen angebrannt und kaum zu genießen gewesen. [...]

---

[6] Vgl. HELLMANN, Hanna: Heinrich von Kleist. Darstellung des Problems; in: MUELLER - SEIDEL, Walter (Hg.): Kleists Aufsatz über das Marionettentheater: Studien und Interpretationen. - Berlin: Schmidt, 1967, Seite 17 - 31.
[7] GLOTZBACH, Maria: ‚Strahlend und herrschend' - Kleists Ansprüche an die Grazie und ihre Verkörperung im mechanischen Wesen. - Norderstedt: GRIN 2004, Seite 2.
[8] Vgl. BLAMBERGER, Günter: Heinrich von Kleist. Biographie. - Frankfurt/Main: S. Fischer 2011, Seite 391.

Gestern Abend gegen 7 Uhr verbreitete sich bei der großen Dunkelheit auf einmal eine bedeutende Helligkeit. Bei näherer Untersuchung fand sich, daß (sic) der Mond eben im Aufgehen begriffen war."[9]

Inmitten mehr oder weniger belangloser Alltagsneuigkeiten findet sich also im Dezember 1810 Kleists philosophisches Glanzstück *Über das Marionettentheater* in den *Berliner Abendblättern.* Zunächst ereilte dieses Essay Kleists das gleiche Schicksal wie sein restliches Werk: Es wurde schlichtweg übersehen. So erwähnen es auch Arbeiten über Kleist aus dem frühen 20. Jahrhundert nur am Rande und ohne ihm tiefere Bedeutung beizumessen. Als man schließlich auf den Aufsatz aufmerksam wurde, erkannte man seine Bedeutung zum Verständnis von Kleists Leben, menschlichem Leben überhaupt und seinen Bezug zu Kunst und Kultur der Gegenwart. *Über das Marionettentheater* sei ein Werk, „das das 'Rätsel des Seins' für einen hellsichtigen Augenblick blitzartig erleuchtet."[10]

1.3 Inhalt des Aufsatzes

Kleists Essay handelt von der Begegnung eines Unbekannten, bei dem es sich möglicherweise um den Dichter selbst handelt, mit einem gewissen Herrn C. in einem Marionettentheater der Stadt M. Herr C. ist ein äußerst erfolgreicher Tänzer der städtischen Oper, weswegen ihn der Erzähler verwundert darauf anspricht, weshalb er sich denn von der Kleinkunst des Marionettentheaters belustigen ließe. Herr C. antwortet daraufhin, „daß (sic) ein Tänzer, der sich ausbilden wolle, mancherlei von ihnen [den Marionetten, Anm.] lernen könne."[11] Auf der Grundlage dieser Aussage des Herrn C. entwickelt sich nun eine Diskussion zwischen ihm und dem Erzähler über die Grazie der Marionetten. So ist Herr C. der Ansicht, dass die Bewegungen der Marionetten weitaus graziöser seien, als die eines jeden Menschen, selbst des „geschicktesten Tänzers seiner Zeit"[12], da sich Marionetten niemals zierten. Ziererei entstehe, „wenn sich die Seele (vis motrix) in irgend einem andern Punkte befindet, als in dem Schwerpunkt der Bewegung."[13] Dies sei bei Marionetten niemals der Fall, da der Marionettenspieler mittels eines Drahtes nur den Schwerpunkt, also die Essenz einer jeden Bewegung kontrollieren könne und sämtliche übrigen Gliedmaßen der Marionette

---

[9] BLAMBERGER: Kleist. Biographie, Seite. 392.
[10] SCHOLZ: Kleist - Marionettentheater, Seite 9.
[11] KLEIST, Heinrich von: Über das Marionettentheater; in: SEMBDNER, Helmut (Hg.): Über das Marionettentheater. Aufsätze und Anekdoten. - Frankfurt/Main: Insel 1980, Seite 7.
[12] KLEIST: Marionettentheater, Seite 9.
[13] Ebd., Seite 10.

dementsprechend im Einklang mit der vom Marionettenspieler angestrebten Bewegung einhergehen würden.

Im Folgenden kritisiert Herr C. einige Tänzer und Schauspieler, die es nicht verstünden, den Schwerpunkt ihrer Bewegungen an die rechte Stelle zu setzen. Er führt dieses Versagen des Menschen, wahre Grazie zu erlangen, auf den Sündenfall im Paradies zurück, bei dem vom Baum der Erkenntnis gegessen wurde. Daraufhin spricht Herr C. den Marionetten den Vorteil der Antigravität zu: Die Puppen könnten mit Leichtigkeit der Schwerkraft trotzen und sich in die Lüfte erheben, der Boden sei für sie nur vorhanden, um ihn anmutig zu streifen. Dies sei eine Eigenschaft, so Herr C., um die sie jeder Tänzer beneiden würde, der auf den Boden angewiesen ist, um darauf zu ruhen und sich von den Strapazen des Tanzes zu erholen.

Der Erzähler äußert gegenüber Herrn C. jedoch seine Zweifel an der Theorie, dass eine mechanische Puppe dem Menschen an Anmut überlegen sein könnte. Infolgedessen meint Herr C., dass nur ein Gott sich mit der Grazie der Marionetten messen könne, „und hier sei der Punkt, wo die beiden Enden der ringförmigen Welt in einander (sic) griffen."[14]

Kleist webt nun geschickt zwei Anekdoten zur weiteren Untermauerung seiner These zum Verlust der Grazie in den Aufsatz mit ein: Der Erzähler berichtet von seiner Bekanntschaft mit einem jungen Mann von ungefähr sechzehn Jahren, mit dem gemeinsam er vor einigen Jahren gebadet habe. Der Jüngling habe sich durch ein Übermaß an Anmut und Natürlichkeit ausgezeichnet, doch als er, im Versuch, seinen Fuß, nachdem er dem Badewasser entstiegen war, auf einen Schemel zu setzen und ihn abzutrocknen, einen Blick in den Spiegel warf, kostete ihn dies seine Unschuld und die damit einhergehende Grazie. Denn der Anblick seiner Person im Spiegel erinnerte ihn an eine berühmte Statue, die einen Jüngling darstellte, der sich einen Splitter aus dem Fuß zog. Der junge Mann wäre von der Natürlichkeit, mit der er es geschafft hatte, die Pose dieser Statue - unbewusst - zu imitieren, so angetan gewesen, dass er verzweifelt versucht habe, die Bewegung zu wiederholen. Er sei kläglich daran gescheitert.

Im Zuge dieser Erfahrung habe sich der Charakter des Jünglings vollkommen verändert:

> „Er fing an, tagelang vor dem Spiegel zu stehen; und immer ein Reiz nach dem anderen verließ ihn. [...] und als ein Jahr verflossen war, war keine Spur mehr von der Lieblichkeit in ihm zu entdecken, die die Augen der Menschen sonst, die ihn umringten, ergötzt hatte."[15]

Herr C. erzählt daraufhin eine Geschichte von seiner Reise nach Russland, bei der er einige Zeit auf dem Landgut des livländischen Adeligen Herrn v. G. verbracht habe. Dort habe er

---

[14] KLEIST: Marionettentheater, Seite 12.
[15] Ebd., Seite 13-14.

sich mit einem der Söhne des Edelmannes im Fechtkampf gemessen und festgestellt, dass er dem jungen Mann überlegen war und ihn mit Leichtigkeit besiegen konnte. Der besiegte Jüngling brachte Herrn C. infolgedessen zu einem Stall, in dem Herr v. G. einen Bären aufziehen ließ, und forderte ihn dazu auf, mit dem Tier zu fechten. Herr C. leistete der Aufforderung Folge und bemerkte voller Erstaunen, dass der Bär auf keine einzige seiner Finten hereinfiel, ja, nicht einmal auf sie einging. Ernstgemeinte Stöße parierte der Bär jedoch mit verblüffender Leichtigkeit. Dies seien laut Herrn C. Eigenschaften, die kein Fechter der Welt sein Eigen nennen könne.

Heinrich von Kleist schließt seinen Aufsatz mit einer Zusammenfassung seiner These ab, die er Herrn C. in Form einiger Metaphern in den Mund legt: Je dunkler und schwächer die Reflexion in unserer organischen Welt werde, umso strahlender und herrschender trete die Grazie darin hervor.[16] Um wahre Grazie möglich zu machen, dürfe die Erkenntnis also entweder gar nicht vorhanden sein, oder sie müsse, laut Kleist, geradezu durch ein Unendliches gehen.

> „so, daß (sic) sie, zu gleicher Zeit, in demjenigen menschlichen Körperbau am reinsten
> erscheint, der entweder gar keins, oder ein unendliches Bewußtsein (sic) hat, d.h. in dem
> Gliedermann, oder in dem Gott."[17]

Der Erzähler stellt Herrn C. die Frage, ob es also nötig sei, wieder vom Baum der Erkenntnis zu essen, um Unschuld und Grazie zurückzugewinnen. „Allerdings, antwortete er; das ist das letzte Kapitel von der Geschichte der Welt."[18]

1.4 Formale Gesichtspunkte

Die vier Episoden, in denen der Aufsatz erschienen ist, können inhaltlich voneinander separat betrachtet werden: So handelt es sich beim ersten Teil um eine genaue Beschreibung der Funktionsweise und Konstruktion von Marionetten; die zweite Episode zeigt die Vorteile der Marionette gegenüber dem Menschen auf. Der dritte und vierte Teil des Werks setzen sich aus den beiden oben veranschaulichten, den Sündenfall und die Harmonie des Naturzustandes thematisierenden Anekdoten zusammen, die schließlich in einer Conclusio voller kraftvoller Metaphern münden, die Kleists These effektvoll zusammenfassen.

---

[16] Vgl. KLEIST: Marionettentheater, Seite 15.
[17] Ebd., Seite 15-16.
[18] Ebd., Seite 16.

Auffallende Stilelemente sind unter anderem die für Kleist typische Verschlüsselung von Daten und Namen: „Als ich den Winter 1801 in M. zubrachte, traf ich daselbst [...] den Herrn C. an."[19] Diese Technik dürfte sich Kleist wahrscheinlich bei seiner Ausbildung in Kameralistik, der Wissenschaft der staatlichen Verwaltung, 1805 in Königsberg angeeignet und in seinen literarischen Werken weiterverwendet haben. [20] Er erschafft damit einen dokumentarischen und geradezu chronikartigen Stil. Geprägt wird der Aufsatz auch von zahlreichen mathematischen Ausdrücken, Beschreibungen und Gleichnissen, die wohl Kleists Vorliebe dafür entspringen, seine Ideen wissenschaftlich exakt festzuhalten und somit auch philosophisch abstrakte Themen greifbar zu machen. Nach Ingeborg Scholz zieht Kleist „seine Schlüsse aus mathematischen Sachverhalten; das Mechanische scheint ihm am nächsten bei dem Göttlichen zu sein."[21]

David Spisla betont außerdem die Verwendung zahlreicher sprachlicher Bilder und Paradoxa zur Untermauerung von Theorien, die sich sprachlicher Logik entziehen würden. Hierbei handle es sich um ein literarisches Element der altgriechischen Kultur, das dazu beiträgt, den Ich-Erzähler des Textes durch Herrn C. zur Einsicht zu führen.[22] Kleist zieht also alle Register der Psychologie der Gesprächsführung, und das auf eine derart beiläufige Weise, dass der Text wie die Wiedergabe einer simplen, höflichen Konversation zwischen zwei Menschen erscheint.

All diese sprachlichen Mittel, mit denen Herr C. seine These unterstützt, versetzen den Ich-Erzähler des Aufsatzes in Staunen und erwecken dessen Interesse. Und gerade der Zustand des Staunens gilt, zusammen mit dem des Zweifelns, seit jeher als eine der Grundvoraussetzungen für jeden philosophischen Gedankengang.[23]

1.5 Philosophischer Grundgedanke

1.5.1 Der Begriff der Grazie

Um zu Kleists Aufsatz *Über das Marionettentheater* einen philosophischen Zugang finden zu können, ist es zu Anfang nötig, den Begriff der Grazie, wie Kleist ihn verwendet, im historischen Kontext zu definieren.

---

[19] KLEIST: Marionettentheater, Seite 7.
[20] Vgl. BLAMBERGER: Kleist. Biographie, Seite 232 - 237.
[21] SCHOLZ: Kleist - Marionettentheater, Seite 17.
[22] Vgl. SPISLA, David: Der Aufsatz „Über das Marionettentheater" als Schlüssel zu Kleists Werk. - Norderstedt: GRIN 2010, Seite 4.
[23] Vgl. Ebd., Seite 5.

Für diesen Schlüsselbegriff existierten seit jeher unterschiedliche Definitionen, wobei sich im Laufe der Zeit zwei als maßgebend erwiesen haben: Die der aristokratischen Kultur entspringende Definition der Grazie, beruhend auf dem Text des italienischen Schriftstellers Baldassare Castiglione *Il libro del cortegiano* (*Das Buch vom Hoffmann*, 1528), der Aristokraten darüber unterrichtet, wie sie sich in Krisenzeiten zur Sicherung des eigenen Überlebens zu verhalten haben, stellt hierbei die für Kleists Aufsatz bedeutendere dar. Bereits hier wird, wie in Kleists Text, die „Grazie" von der „Affektiertheit" beziehungsweise „Ziererei" unterschieden. Der Text und mit ihm die aristokratische Kultur der damaligen Zeit definieren Grazie als die Kunst der Selbstpräsentation, die selbst die leerste Hülle in Schönheit erstrahlen lässt.[24]

Nach dieser Definition wäre der Begriff der Grazie also mit dem des Image zu vergleichen, um dessen Aufrechterhaltung viele der im Mittelpunkt der Weltöffentlichkeit stehenden Personen der heutigen Zeit so bemüht sind. Günter Blamberger geht aber noch einen Schritt weiter und bezeichnet die naturgegebene Grazie, wie Kleist sie versteht, als „Mühe der Verbergung von Mühe", die die „tierisch-irdischen Triebe" verschleiert und so den Menschen Gott ein Stückchen näher bringt.[25] Dabei wird nicht näher darauf eingegangen, ob äußere und innere Schönheit tatsächlich deckungsgleich sind oder ob es sich lediglich um reine Wirkungsästhetik, das heißt Selbstdarstellungskunst, handelt.

Mit der zweiten, der bürgerlichen Kultur entspringenden Definition der Grazie werden wir uns im zweiten Teil dieser Arbeit, der auf Friedrich Schillers Aufsatz *Über Anmut und Würde* eingeht, näher beschäftigen.

1.5.2 Die Marionettenfigur

Heinrich von Kleist stößt in seinem Aufsatz die - damals wie heute - vorherrschenden Vorstellungen von der Figur der Marionette vollends um: Zwar erfreute sich das Marionettenmotiv zu Kleists Lebzeiten - besonders bei Dichtern der Romantik - großer Beliebtheit und wurde in zahlreichen Werken, wie zum Beispiel in Joseph von Eichendorffs *Ahnung und Gegenwart*, verwendet, jedoch hatte es die primäre Funktion, die Unfreiheit, die Schicksalsunterworfenheit des Menschen metaphorisch darzustellen und seine Abhängigkeit von anderen Mächten, die „die Fäden in der Hand halten", zu veranschaulichen.[26] Auch in Werken der Klassik, wie zum Beispiel in Goethes *Die Leiden des jungen Werther*, finden sich vereinzelt Marionettengleichnisse: „Ich spiele mit, vielmehr, ich werde gespielt wie eine

---

[24] Vgl. BLAMBERGER: Kleist. Biographie, Seite 353.
[25] Ebd., Seite 353.
[26] Vgl. SCHOLZ: Kleist - Marionettentheater, Seite 12.

Marionette und fasse manchmal meinen Nachbar an der hölzernen Hand und schaudere zurück."[27] Der Marionette wurden in der deutschen Literatur im Allgemeinen also fast ausschließlich negative Eigenschaften, wie mechanisches, seelenloses und „hölzernes" Leben, zugesprochen.

Bei Kleist tritt die Marionette als Verkörperung von Grazie auf. Ihre Bewegungen zeichnen sich durch eine Leichtigkeit und Natürlichkeit aus, wie sie kein Tänzer sein Eigen nennen könnte und ihr hölzerner Körper „schwebt", einer Fee gleich, über den Boden. Womit begründet Kleist aber seine Behauptung, in einer Marionette könne mehr Grazie stecken als in jedem Menschen? Kleist spricht vom Fehlen von „Ziererei": Durch das fehlende Bewusstsein, die fehlende Seele der Marionette sei es ihr nicht möglich, Reflexionen über ihre Bewegungen anzustellen. Jeder Mensch, der Versuche unternimmt, Grazie in der Bewegung oder im Ausdruck zu erreichen, wird sich dabei, seiner Selbst bewusst, der Ziererei hingeben, indem er sich von allerlei störenden Einflüssen beeinträchtigen lässt und somit den „Schwerpunkt der Bewegung" verfehlt. Nicht so die Marionette, die für Kleist ein geradezu göttliches Wesen darstellt, das mit sich selbst und seiner Umgebung im Reinen sei.[28]

In dieser These Kleists findet sich allerdings ein Widerspruch: Der Maschinist, also der Puppenspieler, der die Marionette steuert, „beseelt" sie somit und unterwirft sie seinem Willen. Von einer absoluten Geistlosigkeit der Marionette kann also nicht gesprochen werden.[29] Kleist dürfte sich dieses Gegensatzes bewusst gewesen sein und argumentiert, dass der geistige Einfluss des Puppenspielers durch ein kompliziertes mathematisches Verhältnis zwischen seinen Fingerbewegungen und den Bewegungen der Marionette gewissermaßen abstrahiert und somit auf ein Minimum reduziert wird. Des Weiteren kann der Puppenspieler mithilfe der Fäden lediglich auf den für die erwünschte Bewegung essentiellen Körperteil einwirken, wodurch alle anderen Glieder ohne jegliche Ziererei mit der Bewegung einhergehen.[30] Kleist reduziert die Grazie also nicht auf die mechanischen Bewegungen der Marionette alleine, sondern auf das Zusammenspiel zwischen Puppenspieler und Puppe.

Zusammenfassend lässt sich festhalten, dass die Figur der Marionette in Kleists Aufsatz einerseits - gegensätzlich zur vorherrschenden Vorstellung - Freiheit symbolisiert, die dem Unbewussten entspringt und zu Grazie führt, die beim Menschen verlorengegangen ist.[31] Andererseits symbolisiert sie aber auch die totale, gleichsam mathematische Kontrolle und

---

[27] GOETHE, J.W. von: Die Leiden des jungen Werther. - Hamburg: Hamburger Lesehefte Verlag 2011, Seite 55.
[28] Vgl. SPISLA: „Marionettentheater" als Schlüssel zu Kleists Werk, Seite 6.
[29] Vgl. GLOTZBACH: „Strahlend und herrschend", Seite 5.
[30] Vgl. KLEIST: Marionettentheater, Seite 9 - 11.
[31] Vgl. SCHOLZ: Kleist - Marionettentheater, Seite 12.

Berechnung des Ausdrucks, gewissermaßen die Steuerung des eigenen Image, wie es die zuvor erwähnte Definition der Grazie der aristokratischen Kultur vorsieht.[32]

1.5.3 Der Verlust der Grazie

Wie bisher dargestellt werden konnte, hält Heinrich von Kleist die Marionettenfigur dem Menschen an Grazie überlegen. Wie begründet der Dichter aber seine These vom Fehlen der Grazie beim Menschen? Wesentlich für diesen Teil von Kleists Theorie ist die sogenannte Spiegelanekdote.

Der in diesem Abschnitt von Kleists Aufsatz beschriebene Jüngling von sechzehn Jahren ist im Besitz von Anmut, solange er, wie Josef Kunz meint, „im unbewußten (sic) Einverständnis mit seinem Spiegelbild lebt."[33] Sobald der Jüngling aber in den Spiegel blickt und sich dabei einer anmutigen Pose, die ihn an eine berühmte Skulptur erinnert, bewusst wird, geht seine Grazie mit einem Mal verloren. Beim Versuch, die Pose wieder einzunehmen, scheitert er.

Die Spiegelanekdote ist eine Anspielung auf das Motiv des Sündenfalls: In seinem Dasein im Paradies war der Mensch im Besitz von Grazie und Anmut, erst durch das Essen von den Äpfeln des Baums der Erkenntnis hat er diese verloren und ist sich seiner selbst bewusst geworden.[34] Der Sündenfall wird von theologischer Seite meist als Negation der Beziehung des Menschen zu Gott verstanden. Damit einher geht die Annexion göttlicher Attribute wie Erkenntnis, ewiges Leben oder eben Grazie. So wie Adam und Eva sich im Paradies ihrer Nacktheit bewusst werden, so wird sich der Jüngling vor dem Spiegel also seiner Anmut bewusst und schafft es in weiterer Folge nicht mehr, diese künstlich zu rekonstruieren.

Von diesem Moment an steht der Jüngling - wie der Rest der Menschheit - in einem Verhältnis zu sich selbst: Er lebt und erlebt, gleichzeitig beobachtet er sich jedoch ständig selbst dabei. Keinen einzigen Augenblick lang ist sein Erleben klar und rein, sondern immer getrübt von Selbstbeobachtung, Analyse und Hinterfragen des eigenen Verhaltens. Laut Heiko Postma ist dies der Umstand, der dem Menschen dauerhaftes Glück unmöglich macht und ihm nur in kurzen Momenten der Selbstvergessenheit Glücksgefühle gewährt.[35]

In weiterer Folge seines Aufsatzes betont Kleist, dass es dem Menschen unmöglich sei in den Naturzustand der Grazie zurückzufinden, da der Zugang zum Paradies verschlossen sei. Hier stellt sich die Frage, wie der Jüngling aus der Spiegelanekdote überhaupt in den Besitz von

---

[32] Vgl. BLAMBERGER: Kleist. Biographie, Seite 355.
[33] KUNZ, Josef: Kleists Gespräch „Über das Marionettentheater"; in: SEMBDNER, Helmut (Hg.): Über das Marionettentheater. Aufsätze und Anekdoten. - Frankfurt/Main: Insel 1980, Seite 7.
[34] Vgl. SPISLA: „Marionettentheater" als Schlüssel zu Kleists Werk, Seite 8.
[35] Vgl. POSTMA, Heiko: „Welche Unordnungen in der natürlichen Grazie des Menschen das Bewußtsein anrichtet." Über den deutschen Dichter Heinrich von Kleist. - Hannover: jmb 2011, Seite 11.

Grazie gelangt ist, wo doch diese für den Menschen ohnehin bereits unerreichbar sein sollte. David Spisla erkennt in der Spiegelanekdote den Verlust von „Magie und Unschuld der Jugend."[36] Stellt man dies in unmittelbaren Zusammenhang mit dem Verlust der Grazie, so ließe sich daraus schließen, dass mit dem Verlust der kindlichen Unschuld, mit dem Erwachsenwerden, auch ein Verlust der Grazie einhergeht und der Mensch, dem Kindesalter entwachsen, zu einem Leben im postparadiesischen Zustand, ohne Anmut und Grazie, verdammt ist. Grazie wäre somit beim Menschen also keineswegs unmöglich, sondern würde sich mit dem Erwachsenwerden und dem daraus resultierenden Erwerb des reflexiven Bewusstseins lediglich verflüchtigen.[37] In Kleists Aufsatz finden sich zahlreiche Hinweise für eine solche Interpretation, so stellt der Dichter am Ende seines Werks nicht nur die Frage nach der Rückgewinnung der Grazie, sondern auch nach der Wiedererlangung von (kindlicher) Unschuld. Mit einem Zitat von Jesus aus dem Matthäusevangelium steuert auch die Bibel hierzu Interpretationsmaterial bei: „Wenn ihr nicht umkehrt und wie die Kinder werdet, könnt ihr nicht in das Himmelreich kommen."[38]

Ob die Rückgewinnung der Grazie auf Erden tatsächlich möglich ist, lässt Kleist jedoch offen. Er selbst schien für sich keinen Ausweg in dieser Problematik, die ihm jede Möglichkeit auf ein glückliches Leben genommen hat, gesehen zu haben und beging ein Jahr nach der Verfassung seines Aufsatzes *Über das Marionettentheater* Selbstmord.

---

[36] SPISLA: „Marionettentheater" als Schlüssel zu Kleists Werk, Seite 9.
[37] Vgl. KUNZ, Josef: Kleists Gespräch „Über das Marionettentheater", Seite 85.
[38] Mt 18, 3.

2 Friedrich Schillers Abhandlung *Über Anmut und Würde*

2.1 Über Friedrich Schiller

Der aus eher armen Verhältnissen stammende Friedrich Schiller brachte es, anders als Heinrich von Kleist, bereits zu Lebzeiten zu internationalem Ruhm.[39] Am 10. November 1759 in Marbach am Neckar in Württemberg geboren, ist Schiller gemeinsam mit Goethe, Wieland und Herder den Dichtern der Weimarer Klassik zuzuordnen. Seine Theaterstücke *Kabale und Liebe*, *Don Karlos* und *Die Jungfrau von Orléans* zählen zu den meistgespielten Werken deutscher Dramatik. Auch seine Balladen - allen voran die *Ode an die Freude* und *Die Bürgschaft* - gehören zu den bekanntesten und beliebtesten deutschen Gedichten.

Schillers Leben verlief - trotz einer von Disziplin und militärischem Drill geprägten Kindheit[40] und einigen durch finanzielle Engpässe ausgelösten Krisenzeiten - weitgehend unaufgeregt. Seine ersten Erfolge feierte der Dichter mit dem Freiheitsdrama *Die Räuber*. Den Freiheitsbegriff thematisierte Schiller in einer Vielzahl seiner Werke, so auch in seinen beachtenswerten philosophischen Schriften, die er neben seinen dramatischen und lyrischen Arbeiten verfasste. So meint er in seiner Abhandlung *Über die ästhetische Erziehung des Menschen*: „Die Kunst ist eine Tochter der Freiheit".[41] Auch in seiner Schrift *Über Anmut und Würde* ist Freiheit im Bezug auf Ästhetik Thema.[42]

Von Kindheit an war Schillers Leben von seiner labilen Gesundheit gezeichnet, die ihm die Arbeit an seinen Werken erschwerte. Eine Tuberkuloseerkrankung, gepaart mit einer Lungenentzündung und schließlich ein multiples Organversagen waren für den frühen Tod des Schriftstellers am 9. Mai 1805 verantwortlich. Sein letztes Werk, das Theaterstück *Demetrius*, blieb unvollendet.

In seinen letzten Lebensjahren verband Schiller eine innige Freundschaft mit Johann Wolfgang von Goethe, die anfangs noch von Konkurrenz untereinander, später von Bewunderung für das Werk des jeweils anderen geprägt war. Über den Inhalt ihrer Arbeiten hielten die beiden Dichterfürsten regen Austausch, wobei Goethe, der sich selbst nur rudimentär mit der Thematik der Anmut befasste, Schillers Abhandlung *Über Anmut und Würde* mit kritischer Ablehnung aufnahm.[43]

---

[39] Vgl. DÖRING, H.: Friedrich von Schillers Biografie. - Bremen: Europäischer Hochschulverlag 2009, Seite 1 - 2.

[40] Vgl. Ebd., Seite 9 - 11.

[41] SCHILLER, Friedrich: Über die ästhetische Erziehung des Menschen. - http://gutenberg.spiegel.de/buch/3355/1 (3. Jänner 2012)

[42] Vgl. LUSERKE-JAQUI, Matthias (Hg.): Schiller Handbuch. - Stuttgart: J.B. Metzler 2011, Seite 389ff.

[43] Vgl. LUSERKE-JAQUI: Schiller Handbuch, S. 397.

2.2 Entstehung der Abhandlung

Die Tatsache, dass Schiller sein Werk trotz schwerer Krankheit in einem Zeitraum von lediglich sechs Wochen im Frühling 1793 niederschrieb, beweist, dass *Über Anmut und Würde* aus der jahrelangen Beschäftigung des Schriftstellers mit Fragen der Ästhetik und Moralphilosophie heraus entstanden ist. Ästhetische Theorien von Philosophen wie Immanuel Kant und Anthony Earl of Shaftesbury dürften ihn zur Verfassung seiner eigenen These über objektiv wahrnehmbare Schönheit inspiriert haben.[44]

Der von Schiller gewählte Titel *Über Anmut und Würde* geht bis in die Antike auf die Begriffe „venustus et gravitas" zurück, wurde vor Schiller bereits im englischen Sprachraum (grace and dignity) als Begriffspaar verwendet und war durch die allgemeine Ästhetik-Debatte im späten 18. Jahrhundert in Gelehrtenkreisen weitverbreitet.[45]

Die Abhandlung ist erstmals in der von Schiller persönlich gegründeten Zeitschrift *Neue Thalia* erschienen, wobei Schiller selbst einen Mangel an für die Zeitschrift verwertbaren literarischen Beiträgen als Hauptgrund für die Entstehung von *Über Anmut und Würde* angab.[46] Bei der *Neuen Thalia*, ursprünglich nur *Thalia*, handelte es sich um eine in unregelmäßigen Abständen erscheinende, mäßig erfolgreiche Zeitschrift mit historischen, theaterwissenschaftlichen, philosophischen und literarischen Beiträgen von Schriftstellern wie Körner und Hölderlin. Auffallend ambivalent waren einerseits „Schillers ungenierter Mut zur Popularität, der nicht zuletzt auf die finanziellen Bedürfnisse des Autors zurückzuführen ist"[47], andererseits sein Streben nach literarischer Qualität der für die Zeitschrift vorgesehenen Texte. 1794 gab Friedrich Schiller die *Neue Thalia* zugunsten der neugegründeten Zeitschrift *Die Horen* auf.[48] *Über Anmut und Würde* erschien noch im Jahr seiner Entstehung in Buchform.

2.3 Philosophischer Grundgedanke

Schillers weit vor Heinrich von Kleists *Über das Marionettentheater* entstandene Abhandlung folgt in ihrer Argumentation dem Kerngedanken der zuvor bereits erwähnten bürgerlichen Definition der Grazie aus dem 18. Jahrhundert. Diese beschreibt Grazie als Zeichen einer schönen Seele, die sich nach außen hin graziös manifestiert, jedoch nur mithilfe der Moral

---

[44] Vgl. Ebd., Seite 388.
[45] Vgl. BERGHAHN, Klaus L.: Anmerkungen; in: SCHILLER, Friedrich: Über Anmut und Würde. - Stuttgart: Reclam 2006, Seite 146.
[46] Vgl. Ebd., Seite 145.
[47] LUSERKE-JAQUI: Schiller Handbuch, Seite 523.
[48] Vgl. Ebd., Seite 522 - 524.

zustande kommen kann. Grazie entsteht gewissermaßen durch das Zusammenspiel von Schönheit und Sittlichkeit. Anders als die der aristokratischen Weltanschauung entsprungene Definition sieht die bürgerliche Kultur Grazie also nicht als Ergebnis reiner Selbstpräsentation, sondern spricht von einer Kongruenz von äußerer und innerer Schönheit als Voraussetzung für das Entstehen von Grazie. So auch der Philosoph Shaftesbury, der den Begriff „moral grace" geprägt hat.[49]

Wie definiert Schiller nun aber den für das Verständnis seiner These so wichtigen Begriff der Grazie beziehungsweise Anmut?

2.3.1 Anmut

Es ist Schillers erklärtes Ziel, den Begriff der sonst so subjektiven Betrachtungsweisen unterworfenen „Schönheit" in seiner Abhandlung objektiv zu beschreiben. Zu diesem Zweck leitet er seine Schrift mit der griechischen Fabel der Göttin der Schönheit ein, die einen Gürtel bei sich trägt, „der die Kraft besitzt, dem, der ihn trägt, Anmut zu verleihen und Liebe zu erwerben."[50] In weiterer Folge erklärt er: „Alle Anmut ist schön [...]; aber nicht alles Schöne ist Anmut, denn auch ohne diesen Gürtel bleibt Venus, was sie ist."[51] Schiller betrachtet Anmut also als zusätzliches Attribut zur Schönheit, das nicht von der Natur, sondern vom Menschen selbst schöpferisch hervorgebracht wird. Schönheit werde dem Menschen von der Natur geschenkt, wohingegen Anmut auf seine schöne Seele zurückzuführen sei:

> „Die architektonische Schönheit [gemeint ist der Körperbau des Menschen, sein Äußeres, Anm.] macht dem Urheber der Natur, Anmut und Grazie machen ihrem Besitzer Ehre. Jene ist ein Talent, diese ein persönliches Verdienst."[52]

Bis zu diesem Punkt hält sich Schiller sehr genau an die bürgerliche Definition der Grazie des 18. Jahrhunderts, die nur einem moralisch korrekt handelnden Menschen, der es versteht, Sinnlichkeit und Vernunft, Pflicht und Neigung[53] miteinander zu vereinen, eine schöne Seele und somit Grazie beziehungsweise Anmut zuspricht.

Nun bringt er aber den für ihn so typischen Begriff der Freiheit in seine These mit ein: „Anmut ist die Schönheit der Gestalt unter dem Einfluß (sic) der Freiheit."[54] Schiller erklärt

---

[49] Vgl. BLAMBERGER: Kleist. Biographie, Seite 355.
[50] SCHILLER: Anmut und Würde, Seite 69.
[51] Ebd., Seite 69.
[52] Ebd., Seite 84.
[53] Vgl. LUSERKE-JAQUI: Schiller Handbuch , Seite 394.
[54] SCHILLER: Anmut und Würde, Seite 84.

im Folgenden, dass Anmut sich nur in Bewegungen äußern könne, die die „Person [...] dem Körper [...] durch ihren [freien, Anm.] Willen"[55] vorschreibt. Alle Bewegungen, die den natürlichen Trieben entspringen, wären demnach nicht anmutig, da der Naturtrieb nicht dem freien Willen des Menschen unterliegt, sondern ihm von der Natur gewissermaßen „aufgezwungen" werde. Dies würde bedeuten, dass Anmut nicht durch natürliches Handeln zu erzeugen ist, sondern nur durch einen freien Geist, der sich den „Zwängen" der natürlichen Triebe wiedersetzt. Schließlich meint Schiller: „Grazie ist immer nur die Schönheit der durch Freiheit bewegten Gestalt."[56]

Zusammenfassend lässt sich sagen, dass Schiller im Zusammenhang mit Anmut auch vom Selbstbestimmungsrecht des Menschen spricht, indem er Anmut nicht auf Schönheit reduziert, sondern jedem Menschen die Möglichkeit gibt, diese - unabhängig von seiner naturgegebenen Schönheit - selbst zu erlangen:

> „Bei dem Tiere und der Pflanze gibt die Natur nicht bloß die Bestimmung an, sondern führt sie auch allein aus. Dem Menschen aber gibt sie bloß die Bestimmung und überläßt (sic) ihm selbst die Erfüllung derselben. Dies allein macht ihn zum Menschen. "[57]

Schillers Anliegen ist außerdem die Vereinigung von Neigung und Pflicht, von Sinnlichkeit und Sittlichkeit, Trieb und Verstand.[58] - Ein Aspekt, der für die beiden letzten Teile dieser Arbeit von Bedeutung sein wird.

Des Weiteren geht Schiller in seiner Abhandlung bereits unmittelbar auf die Bedeutung der Anmut für die darstellenden Künste ein: Künstler, in diesem Fall Tänzer oder Schauspieler, die, einem Taschenspieler gleich, versuchen würden, Anmut vorzutäuschen, bezeichnet Schiller als Lügner, bei denen jegliche Natur von der Kunst verschlungen werde. „Grazie hingegen muß (sic) jederzeit Natur, d. i. unwillkürlich, sein (wenigstens so scheinen), und das Subjekt selbst darf nie so aussehen, als wenn es um seine Anmut wüßte (sic)."[59] Hier spielt Schiller sehr eindeutig auf die Schauspielkunst an: Grazie müsse auf der Bühne unwillkürlich und natürlich wirken, obwohl sie in Wirklichkeit unnatürlichem Handeln - nämlich dem oben erläuterten Zuwiderhandeln gegen natürliche Triebe - entspringt. Hierbei handelt es sich um eine der grundlegenden Problemstellungen der Schauspielkunst, mit der sich diese Arbeit in ihrem dritten Teil befassen wird.

---

[55] Ebd., Seite 86.
[56] Ebd., Seite 85.
[57] Ebd., Seite 93.
[58] LUSERKE-JAQUI: Schiller Handbuch , Seite 392.
[59] SCHILLER: Anmut und Würde, Seite 90.

2.3.2 Würde

Um den Rahmen dieser Arbeit nicht zu sprengen soll auf die von Schiller in seiner Abhandlung thematisierte Würde hier nur kurz eingegangen werden.

Würde ist für Schiller - im Gegenteil zur Wollust, die den Trieben entspringt - ein Ausdruck erhabener Gesinnung und Moral. Während Anmut „in der Freiheit der willkürlichen Bewegungen [liegt]; [findet sich] Würde in der Beherrschung der unwillkürlichen."[60] Für David Spisla „zeugt die Würde von einer Einschränkung der Triebe und Begierden. Die Anmut hingegen zeugt von einer inneren Harmonie und Leichtigkeit, verbunden mit einem empfindsamen Herzen."[61] Schillers Ideal sieht die Vereinigung von Anmut und Würde im Menschen vor.

Gegen Ende der Abhandlung geht Schiller auch noch auf die Gefahren vorgetäuschter Anmut und gezwungener Würde ein: Aus dem einen entstehe Ziererei, aus dem anderen steife Feierlichkeit und Gravität.[62]

2.4 Gegenüberstellung von Kleists und Schillers Theorien

Die erläuterten Theorien von Heinrich von Kleist und Friedrich Schiller zu Anmut, Grazie und Ästhetik weisen einerseits zahlreiche Gegensätze, andererseits auch einige Parallelen zueinander auf.

Ein auffallender Unterschied zwischen den beiden Thesen betrifft den Ursprung der Grazie: Kleist hält Grazie für ein „Naturprodukt", das durch das unbewusste Handeln eines Individuums zu Tage tritt, dem Menschen aufgrund seines reflexiven Bewusstseins jedoch seit dem Sündenfall im Paradies versagt bleibt. Schiller spricht von der Macht des Menschen, Grazie selbst hervorzubringen, lehnt jedoch die Vorstellung von der naturgegebenen Grazie ab. Laut Schiller wird dem Menschen nur die Schönheit von der Natur verliehen, Grazie kann er durch eigenes Tun erwerben.

Bei Schiller spielt im Bezug auf Anmut und Grazie außerdem die Kategorie der Moral eine entscheidende Rolle. Nur moralisch korrekt handelnde Menschen können von sich behaupten, eine schöne Seele und damit Grazie zu besitzen. Dieser sittliche Aspekt wird in Kleists *Über das Marionettentheater* nicht erwähnt. Kleist bemüht sich vielmehr um die Darstellung des Sündenfallmotivs als Ursache für den Verlust der Grazie. Bezieht man dieses in eine Interpretation seines Textes mit ein, so ließe sich auch hier wie bei Schiller von einer

---

[60] SCHILLER: Anmut und Würde, Seite 122.
[61] SPISLA: „Marionettentheater" als Schlüssel zu Kleists Werk, Seite 8.
[62] Vgl. SCHILLER: Anmut und Würde, Seite 122.

Kongruenz von äußerer und innerer Schönheit durch die Kategorie der Moral sprechen, die nach dem Sündenfall - durch den Erwerb des reflexiven Bewusstseins - verlorengegangen ist. Schiller selbst geht in seiner Abhandlung jedoch nicht im Geringsten auf den Sündenfall ein, er hebt vielmehr den Aspekt der Selbstbestimmung hervor, der dem Menschen durch die Möglichkeit des Hervorbringens von Anmut gegeben ist. Dieser Aspekt wird bei Kleist lediglich in der Figur der Marionette offenbar, die von ihrem reflexiven Bewusstsein befreit ist und somit bei Kleist Freiheit symbolisiert, was, wie zuvor erwähnt, in Anbetracht der vorherrschenden Vorstellungen von der Marionette als Symbol für determiniertes, fremdbestimmtes Handeln eine Besonderheit darstellt.[63]

Beide Schriftsteller bezeichnen das Resultat des Fehlens der Grazie als Affektiertheit, beide definieren sie im Kerngedanken als müheloses, schön anzuschauendes Tun, das nicht gezwungenermaßen tatsächlich mühelos sein, sondern lediglich so scheinen muss. Kleist schwärmt außerdem von der Antigravität der Marionette, Schiller klagt Gravität als steife, unechte Würde an. Sogar das Motiv der Selbstreflexion wird bei Schiller am Rande erwähnt: „Das Subjekt selbst darf nie so aussehen, als wenn es um seine Anmut wüßte (sic).“[64] Schiller geht hier allerdings nur auf den Aspekt der für andere sichtbaren Selbstreflexion ein. Das Vorhandensein eines reflexiven Bewusstseins spielt bei ihm - solange es (zum Beispiel auf der Bühne) unsichtbar bleibt - keine Rolle. Schiller deutet hier aber bereits die Möglichkeit an, ein vorhandenes reflexives Bewusstsein vor einem Betrachter zu „verbergen" beziehungsweise es - zum Beispiel zu schauspielerischen Zwecken - bewusst zu steuern und in die gewünschten Bahnen zu lenken.

Zur besseren Verdeutlichung ist im Anhang eine Gegenüberstellung der beiden Theorien in Tabellenform untergebracht.

---

[63] Vgl. SCHOLZ: Kleist - Marionettentheater, Seite 12.
[64] SCHILLER: Anmut und Würde, Seite 90.

3 Anmut und Grazie in den Darstellenden Künsten

3.1 Überblick über die Entwicklung der Schauspielkunst

Im Bezug auf Anmut und Grazie in den Darstellenden Künsten interessiert uns zuvorderst die Schauspielkunst, da man heute als Schauspieler mit zahlreichen Übungen und Techniken arbeitet, die über Jahrhunderte hinweg speziell entwickelt wurden, um die schauspielerische Darstellung bewusst zu steuern und dabei Authentizität und Wahrhaftigkeit - sozusagen die Grazie - der Darstellung zu bewahren. Bis zur Entstehung und vor allem bis zur allgemeinen Akzeptanz dieser Techniken war es jedoch ein weiter Weg.

Das Urtheater und mit ihm eine erste, primitive Form des Schauspielens nahm seinen Ursprung schon in der Steinzeit in Form von zeremoniellen Tänzen und theatralen (Jagd-) Darstellungen, wie erhaltene Höhlenbilder der Steinzeitmenschen nahelegen. Bereits am Beginn seiner Geschichte verspürte der Mensch folglich den Drang, tatsächlich Erlebtes nachzuspielen und somit zu verarbeiten, weswegen das Theater gerne als Urkunst der Menschheit, als Quelle aller anderen Künste, bezeichnet wird. Ganz ähnlich wie mit den Zeremonien der Steinzeitmenschen verhielt es sich mit den religiösen Riten im alten Ägypten, deren musikalische und tänzerische Untermalung - gepaart mit priesterlicher Theatralik - stark an das Bühnentheater erinnerten.[65]

Das Theater, wie wir es heute kennen, nämlich mit Zuschauerraum und Bühne, entstand jedoch im antiken Griechenland zu Ehren des Gottes Dionysos, den die Griechen unter anderem als Gott des „ekstatischen Rausches"[66] verehrten. Unter Ekstase (aus dem Griechischen für „aus sich herausgetreten sein"[67]) verstanden die Griechen die Loslösung von den Fesseln einer gesellschaftlichen Rolle, die Verwandlung in eine andere Person, die mithilfe von Tanz, Musik, Maske und Kostüm zu bewerkstelligen war. Dies machte im Verständnis der Griechen Dionysos zu einem Gott des Theaters, dem man ab dem 6. Jahrhundert vor Christus durch schauspielerische Darstellungen huldigte. Als man dazu überging, eigene, groß angelegte Festprogramme mit ganzen Theaterstücken zu Ehren Dionysos' zu gestalten, entbrannten heftige Konkurrenzkämpfe unter den griechischen Dramatikern, die allesamt die von ihnen verfassten Stücke im Rahmen der *Großen*

---

[65] Vgl. BRAUNECK, Manfred: Die Welt als Bühne. Geschichte des europäischen Theaters, Band 1. - Stuttgart: J.B. Metzler 1993, Seite 10 - 13.
[66] SEIDENSTICKER, Bernd: Das antike Theater. - München: C.H. Beck 2010, Seite 13.
[67] DROSDOWSKI, Günther (Hg.): Duden. Das Fremdwörterbuch. - Mannheim: Bibliographisches Institut 1974, Seite 199.

Dionysien[68] auf der Bühne verwirklicht sehen wollten. Aus diesem Grund begann man, solche Feste als Wettbewerbe unter den Schriftstellern zu konzipieren, was die Begeisterung der Griechen für das Theater zusätzlich entfachte. Auch Schauspielwettbewerbe wurden erstmals Mitte des 5. Jahrhunderts veranstaltet.[69]

In den folgenden Jahrhunderten gewann das Theater in Griechenland enorm an Popularität, im ganzen Land wurden Spielstätten gebaut und Dramatiker wie Aischylos, Sophokles und Euripides verfassten ihre Tragödien, die größtenteils bis heute gespielt werden.[70] Über das griechische Theater dieser Zeit ist uns vieles hinlänglich bekannt, so zum Beispiel die Darstellungsformen und Inszenierungsmethoden der Griechen, auch über die Architektur der Theater, über die Bühne, die Umkleideräume und Garderoben, das Fassungsvermögen der Zuschauerränge und den Ablauf einer Theatervorstellung weiß man Bescheid, selbst die Namen einiger der zur damaligen Zeit beliebten Schauspieler sind überliefert. Über die Techniken und Arbeitsweisen der Schauspieler, über ihre Vorbereitung auf und Einfühlung in die Rolle und über ihre Spielweise während der Vorstellung findet sich jedoch kaum etwas in der wissenschaftlichen Literatur zum griechischen Theater. Hier zeigt sich eines der grundlegenden Probleme, das die Entwicklung der Schauspielkunst über Jahrhunderte hinweg wesentlich erschwert hat: Die Vergänglichkeit einer Theatervorstellung.[71]

In allen anderen Künsten ist es üblich, sich mit den Werken anderer, längst verstorbener, aber für die eigene Kunstrichtung maßgeblicher Künstler ausgiebig zu befassen, ehe man sich selbst an ein eigenes Kunstwerk heranwagt. Maler können die Werke Dürers, Van Goghs oder Monets studieren und somit weiter an der eigenen Technik arbeiten; Schriftsteller haben die Möglichkeit, Stücke von Goethe oder Schiller zu lesen; Komponisten können den Symphonien Beethovens und den Opern Verdis lauschen. Vor der Erfindung des Films waren schauspielerische Darstellungen jedoch nicht für die Nachwelt festhaltbar, weswegen es angehenden Schauspielern meist völlig an Maßstäben für ihre eigene Arbeit gefehlt hat.[72]

Größere Weiterentwicklungen der Schauspieltechnik waren daher auch nicht festzustellen, als das griechische Theater im 4. Jahrhundert vor Christus nach Rom kam und sich dort um 240

---

[68] Die jährlich im März und April in Athen stattfindenden *Großen Dionysien*, auch *Städtische Dionysien*, waren mehrtägige Festspiele, die maßgeblich zur Entwicklung der griechischen Tragödie und Komödie beitrugen.
[69] Vgl. SEIDENSTICKER: Das antike Theater, Seite 13f.
[70] Vgl. Ebd., Seite 15.
[71] Vgl. WERMELSKIRCH, Wolfgang (Hg.): Lee Strasberg. Schauspielen und das Training des Schauspielers. – Berlin: Alexander Verlag 2007, Seite 8.
[72] Vgl. Ebd., Seite 7.

v. Chr. in lateinischer Sprache etablierte.[73] Auch im Mittelalter gab es diesbezüglich keine für das Thema dieser Arbeit essentiellen Veränderungen.

Erst mit dem Wirken William Shakespeares im späten 16. Jahrhundert zeichnete sich ein Wandel in dieser Thematik ab. Shakespeare kritisierte das - zu seinen Lebzeiten so weit verbreitete - übertriebene und überzeichnete Bühnenspiel massiv. Besonders die Schauspieler des mit ihm konkurrierenden Schriftstellers Christopher Marlowe bezichtigte er der maßlosen Übertreibung, des unnatürlichen Schau-Spielens, das beim Publikum aufgrund seiner Unterhaltsamkeit zwar zweifellos Erfolg hatte, auf Wirklichkeitstreue und Realitätsnähe jedoch völlig verzichtete.[74] Shakespeare legte seine eigene Philosophie vom Schauspielen dem Charakter des Hamlet im gleichnamigen Stück in den Mund:

„Oh, es ärgert mich in der Seele, wenn solch ein handfester, haarbuschiger Geselle [gemeint ist ein Schauspieler, Anm.] eine Leidenschaft in Fetzen, in rechte Lumpen zerreißt, um den Gründlingen im Parterre in die Ohren zu donnern, die meistens von nichts wissen als verworrnen, stummen Pantomimen und Lärm. [...] Passt die Gebärde dem Wort, das Wort der Gebärde an; [...] Denn alles, was so übertrieben wird, ist dem Vorhaben des Schauspiels entgegen, dessen Zweck [es ist], der Natur gleichsam den Spiegel vorzuhalten."[75]

Laut Lee Strasberg, mit dessen Beitrag zur Schauspielkunst wir uns später auseinandersetzen werden, wurde „mit Shakespeare und den Mitgliedern seiner Truppe das moderne Schauspielen geboren."[76]

Es sollte allerdings noch lange dauern, bis sich dieses moderne Schauspielen durchsetzen konnte, da die Suche nach Wahrhaftigkeit auf der Bühne zwar sicherlich ein nobles Unterfangen war, beim Publikum jedoch aufgrund der weniger spektakulären Sprech- und Spielweise, der zurückgenommenen, aus dem Leben gegriffenen Gestik und Mimik anfangs nur wenig Anklang fand. Brennende Verfechter der modernen Spielweise, wie zum Beispiel der französische Dramatiker Molière, hatten es deshalb oftmals schwer beruflich Fuß zu fassen.[77]

Doch einmal ins Rollen gebracht, ließ sich die Entwicklung des Schauspielens in Richtung Natürlichkeit und Wahrhaftigkeit nicht mehr aufhalten, bis schließlich der Mitbegründer des Moskauer Künstlertheaters, Konstantin Stanislawski, im frühen 20. Jahrhundert seine Texte

---

[73] Vgl. WEBER, Carl W.: Brot und Spiele. Massenunterhaltung als Politik im antiken Rom. – Herrsching: Pawlak 1989, Seite 190.
[74] Vgl. WERMELSKIRCH: Lee Strasberg, Seite 10 – 13.
[75] SHAKESPEARE, William: Hamlet. – Husum: Hamburger Lesehefte 2008, Seite 53.
[76] WERMELSKIRCH: Lee Strasberg, Seite 13.
[77] Vgl. Ebd., Seite 13 -15.

Die Arbeit des Schauspielers an sich selbst und *Die Arbeit des Schauspielers an der Rolle* veröffentlichte und damit den Ausgangspunkt für die Begründung der heute an nahezu jeder Schauspielschule unterrichteten Schauspieltechniken schuf.[78]

3.2 Modernes Schauspielen

3.2.1 Das Stanislawski-System

Der Schauspieler und Regisseur Konstantin Stanislawski wurde 1863 in Moskau als Sohn einer Kaufmannsfamilie geboren. 1898 gründete er gemeinsam mit Gleichgesinnten das Moskauer Künstlertheater, mit dem er es sich zum Ziel setzte, die damalige Theaterwelt zu revolutionieren: „Wir protestierten gegen veraltete Spielweisen, gegen Theatralik und falsches Pathos, gegen das Deklamieren und Übertreiben im Spiel."[79]

1909 begann Stanislawski seine Erfahrungen über die Schauspielkunst, die er im Zuge seiner Arbeit beim Theater gemacht hatte, in Form des fiktiven Tagebuchs eines Schauspielschülers, der Unterrichtsstunden bei einem Schauspiellehrer besucht, niederzuschreiben. Erst kurz vor seinem Tod 1938 wurde ein Großteil seines Werkes erstmals veröffentlicht.[80]

An seiner Arbeit orientierten sich die wichtigsten amerikanischen Schauspiellehrer des 20. Jahrhunderts, allen voran Lee Strasberg, Stella Adler und Sanford Meisner, die Hollywood-Stars wie James Dean, Marlon Brando, Jack Nicholson, Dustin Hoffman und Marilyn Monroe unterrichteten. Auch die jüngere Generation von Schauspielern in und außerhalb Hollywoods, wie Angelina Jolie, Tom Cruise[81] und auch der österreichische Oscarpreisträger Christoph Waltz lernten, wie viele andere, ihr Handwerk mithilfe der Techniken dieser Schauspiellehrer.[82] Die Entwicklung des Stanislawski-Systems hat die Schauspiel-, Film- und Theaterwelt folglich drastisch und bis heute spürbar beeinflusst.

Wodurch zeichnet sich die vielgepriesene Schauspiellehre Stanislawskis nun aber aus und was macht sie – gegenüber anderen, vormals propagierten Schauspieltechniken – so besonders? Im Zentrum des Stanislawski-Systems steht die Frage, wie sich ein Schauspieler – auf der Bühne oder im Film – zu verhalten hat, um seine Technik unsichtbar werden und seine eigene Person mit der Rolle verschmelzen zu lassen, ohne sich dabei von der Anwesenheit eines den Schauspieler beobachtenden Publikums (oder einer Filmcrew) ablenken zu lassen. Zuschauer

---

[78] Vgl. STEGEMANN, Bernd (Hg.): Stanislawski – Reader. Die Arbeit des Schauspielers an sich selbst und an der Rolle. – Leipzig: Henschel 2011, Seite 10.
[79] STANISLAWSKI, Konstantin: Mein Leben in der Kunst. – Berlin: Henschel 1987, Seite 233.
[80] Vgl. STEGEMANN: Stanislawski – Reader, Seite 10.
[81] Vgl. o.V.: Tom Cruise. - http://www.thebiographychannel.co.uk/biographies/tom-cruise.html (29.1.2012)
[82] Vgl. STEINMETZ, Brigitte: Hollywood. Das glorreiche Lee Strasberg Institute. –
http://www.merian.de/magazin/hollywood-lee-strasberg-institute.html (28.1.2012)

stellen hierbei eine besondere Hürde für den Schauspieler dar, der sich meistens dazu verpflichtet fühlt, sein Publikum in irgendeiner Form zu unterhalten und sich aus diesem Grund mehr auf die Auswirkungen seiner Handlungen auf der Bühne oder vor der Kamera als auf die Handlungen selbst konzentriert. Dies führt zu gekünstelter, nach Beifall haschender Gestik und Mimik: „Das Spiel wird allgemein, die Gefühle standardisiert, der Ausdruck leer."[83] Auch Filmschauspieler, die zwar kein Saalpublikum vor sich haben, durch die anwesenden Mitwirkenden aber sehr wohl unter Beobachtung stehen, sind vor solchen Problemstellungen nicht gefeit. Zur Beobachtung durch ein Publikum kommt als erschwerender Faktor die gesteigerte Selbstreflexion des Schauspielers hinzu:

> „Der Schauspieler lebt, er weint und lacht auf der Bühne, doch indem er lacht und weint, beobachtet er sein Lachen und seine Tränen. Und in diesem Doppelleben, in diesem Gleichgewicht zwischen Leben und Spiel besteht die Kunst."[84]

Stanislawski zog aus diesem Sachverhalt den Schluss, dass ein Schauspieler das Empfinden seiner Rolle nicht nur nachempfinden, sondern tatsächlich – auf geistiger Ebene – erleben muss, um eine überzeugende, ungekünstelte Darstellung erreichen zu können. Gelingt ihm dies, so wird das Gefühlsleben seiner Rolle ganz automatisch für das Publikum sichtbar zum Ausdruck kommen, ohne dass der Schauspieler seine Gestik und Mimik bewusst steuern muss. Ziel des Stanislawski-Systems ist es also, das geistige Erleben der Rolle durch den bewussten Einsatz diverser Techniken hervorzurufen, um so unbewusste emotionale Äußerungen in Gestik und Mimik zu erreichen, die dem Publikum das Gefühlsleben des verkörperten Charakters offenlegen.[85]

Zu diesen Techniken zählt laut Stanislawski zum einen die Konzentration des Schauspielers auf eine festgelegte „Was-wäre-wenn-Situation": Anstatt sich auf ein hervorzubringendes Gefühl zu konzentrieren, soll der Schauspieler sein Hauptaugenmerk auf eine körperliche Handlung und besonders auf den Grund für diese legen. Nehmen wir an, eine Frau gelangt durch eine Erbschaft in den Besitz eines wertvollen Diamantrings, der all ihre finanziellen Probleme und die ihrer Familie auf einen Schlag lösen könnte. Dies ist die Annahme, die „Was-wäre-wenn-Situation", von der der Schauspieler ausgehen muss. Nehmen wir weiter an, die Frau verliert den Diamantring auf der Straße und ist nun am Boden zerstört, da ihr Schicksal auf der Kippe steht. Die Schauspielerin, die die Frau verkörpert, kann sich nun,

---

[83] STEGEMANN: Stanislawski – Reader, Seite 12.

[84] HOFFMEIER, Dieter (Hg.): Konstantin S. Stanislawski. Ausgewählte Schriften. Band 2. – Berlin: Henschel 1988, S. 39.

[85] Vgl. STEGEMANN: Stanislawski – Reader, Seite 11-16.

anstatt das Leid und die Verzweiflung der Frau zu mimen, auf die Suche nach dem Ring konzentrieren, die durch die Annahme der oben beschriebenen Situation – nämlich den finanziellen Problemen der Frau und ihrer Familie – ausreichend begründet ist. „Auf der Bühne darf man nicht ‚allgemein‘ handeln, um des Handelns willen, sondern das Handeln muß (sic) begründet, zweckmäßig und produktiv sein."[86] Die Erschütterung der Frau wird sich von ganz alleine äußern, solange die Schauspielerin die angenommene „Was-wäre-wenn-Situation" für glaubhaft und überzeugend hält. Durch die Annahme solcher Situationen, die nicht gezwungenermaßen vom Schriftsteller oder Drehbuchautor vorgegeben sein müssen, sondern auch vom Schauspieler – sofern sie zur Handlung passen – erdacht werden können, werden übertriebenes Deklamieren und Posieren durch klar vorgegebene Ursachen und Gründe für bestimmtes Handeln vermieden.[87]

Die oben beschriebene Technik führt uns zum eigentlichen Kern des Stanislawski-Systems, dem emotionalen Gedächtnis. Hierbei handelt es sich um eine Methode, die es dem Schauspieler ermöglichen soll, Gefühle, die er bereits einmal erlebt hat, aus seiner Erinnerung wieder hervorzurufen, indem er sich nicht an das Gefühl selbst, sondern an die Begleitumstände, die damit einhergegangen sind, erinnert.

> „Man soll nicht an das Gefühl denken, sondern sich nur um seine Quellen kümmern, um die Bedingungen, die das Erleben ausgelöst haben. […] Die Natur erschafft indessen das neue Gefühl, das dem früheren entspricht. Darum beginnen Sie niemals mit dem Resultat. Es ergibt sich nicht von selbst, sondern ist die logische Folge des Vorausgegangenen."[88]

Im Grunde genommen handelt es sich bei dem emotionalen Gedächtnis um ein einfaches Prinzip, das jedem von uns aus dem Alltag bekannt sein dürfte: Denken wir beispielsweise im Stillen an ein freudiges Ereignis zurück, so beginnen wir, unwillkürlich zu lächeln. Die Erinnerung an die erfreuliche Erfahrung hat sich in unser emotionales Gedächtnis eingebrannt, kann daraus wieder hervorgeholt und gleichsam ein zweites Mal durchlebt werden. Durch intensives Training des emotionalen Gedächtnisses im Rahmen der Vorbereitung auf die Rolle kann ein Schauspieler dessen Inhalte auf der Bühne durch einfache Mittel – wie zum Beispiel die „Was-wäre-wenn-Situation" – bewusst abrufen. Schauspielschüler beginnen ihr Studium daher für gewöhnlich mit stundenlangen Übungen, in denen sie sich beispielsweise die genaue Haptik einer Orange in Erinnerung zu rufen und das

---

[86] STEGEMANN: Stanislawski – Reader, Seite 36.
[87] Vgl. Ebd., Seite 33-36.
[88] Ebd., Seite 91.

Gewicht und die Oberfläche dieses Obstes in der Hand zu fühlen versuchen, ohne tatsächlich eine Orange in der Hand zu halten. Später wird zu komplizierteren Sinneseindrücken übergegangen, wie beispielsweise das Gefühl von auf die Haut prasselnden Regens. Ziel ist es, sich mithilfe solcher Übungen in bereits einmal durchlebte Situationen zurückzuversetzen und die mit ihnen einhergegangenen Gefühle erneut zu durchleben.[89] Je lebhafter die Erinnerung an die Situation wiederhergestellt werden kann, desto realer das entstehende Gefühl. Dabei ist es die Aufgabe des Schauspielers, aus eigenen, zur Rolle passenden Sinneseindrücken zu schöpfen, von denen er weiß, dass sie die gewünschte Emotion hervorzurufen in der Lage sind.[90]

Unsere Betrachtung des Stanislawski-Systems beschränkt sich auf die für das Thema dieser Arbeit absolut essentiellen Aspekte und kratzt somit nur an der Oberfläche einer Unzahl vieler weiterer schauspielerischer Techniken und Arbeitsweisen, die im Grunde genommen aber alle dazu dienen, das emotionale Gedächtnis zu trainieren und dessen Inhalte aus dem Schauspieler „hervorzulocken". Ziel des Stanislawski-Systems ist es, eine Wechselwirkung zwischen Verstand und Gefühl, Bewusstem und Unbewusstem zu erreichen.[91] Oder, wie Stanislawski seine Methode zusammenzufassen versuchte: „Das Unbewußte (sic) durch das Bewußte (sic)."[92]

3.2.2 Weiterentwicklungen des Stanislawski-Systems

3.2.2.1 Lee Strasberg

Der Beitrag des amerikanischen Schauspielers, Regisseurs und Schauspiellehrers Lee Strasberg zur Entwicklung zeitgemäßer Schauspieltechniken besteht zum Großteil aus der Vereinfachung und Neustrukturierung des Stanislawski-Systems. Seine Interpretation der Theorien Stanislawskis erlangte unter dem Titel *Method Acting* oder nur *The Method* Weltruhm.[93]

Der 1901 in Budzanów (Österreich-Ungarn, heute: Ukraine) geborene und später in die USA ausgewanderte Strasberg[94] reduzierte Stanislawskis sehr komplexes System fast ausschließlich auf das emotionale Gedächtnis. Er unterteilte dieses in drei verschiedene Kategorien: Das affektive Gedächtnis, das verwendet wird, um ganze Erfahrungen

---

[89] Vgl. STEGEMANN: Stanislawski – Reader, Seite 95f.
[90] Vgl. WESTON, Judith: Directing Actors. – Los Angeles: Michael Wiese 1996, Seite 142.
[91] Vgl. STEGEMANN: Stanislawski – Reader, Seite 100.
[92] Ebd., Seite 13.
[93] Vgl. WERMELSKIRCH: Lee Strasberg, Seite 131.
[94] Vgl. WERMELSKIRCH: Lee Strasberg, Seite 227-230.

wiederzubeleben; das sensorische Gedächtnis, das vorwiegend zur Wiederbelebung von Sinneseindrücken wie Hitze, Kälte oder Schmerz gebraucht wird; und das eigentliche emotionale Gedächtnis, das mit Gefühlen wie Zorn, Liebe oder Angst arbeitet, mit dem affektiven Gedächtnis aber häufig gleichgesetzt wird. Strasberg beschäftigte sich auch mit der Wiederholbarkeit der Arbeit mit dem emotionalen Gedächtnis. So stellte er zwar fest, dass sich der Vorgang der Wiederbelebung einer Emotion von gut trainierten Schauspielern jederzeit mit gleichbleibender Authentizität wiederholen lässt, das Ergebnis aber - abhängig von der Stärke der gewählten Erinnerung - niemals exakt dasselbe ist.[95] Strasberg betonte, dass ein Schauspieler nur aus dem ihm eigenen Vorrat an Erinnerungen, Erfahrungen und Sinneseindrücken schöpfen könne und es seine Aufgabe sei, die zur verkörperten Rolle passenden Erinnerungen auszuwählen.[96]

Lee Strasbergs Interpretation des Stanislawski-Systems lässt sich auf die folgende, simple Grundidee zusammenfassen: „Lerne, deine gesammelten Lebenserfahrungen abzurufen."[97]

3.2.2.2 Stella Adler

Die Schauspielerin Stella Adler – wie Strasberg 1901 geboren[98] - gehörte zu den schärfsten Kritikerinnen des *Method Acting*. Sie war davon überzeugt, dass Lee Strasberg das Stanislawski-System missverstanden hatte: Ihrer Meinung nach muss ein Schauspieler zur Einfühlung in eine Rolle vor allem auf seine Fantasie zurückgreifen. Von eigenen, bereits erlebten Gefühlen auf eine Rolle zu schließen reicht laut Adler nicht aus. Nur, wenn es dem Schauspieler gelingt, seine Handlungen auf der Bühne für glaubhaft und folgerichtig zu halten – beispielsweise durch die Anwendung von „Was-wäre-wenn-Situationen" – kann er die Authentizität seiner Darstellung bewahren.

Stella Adler studierte für einige Monate bei Konstantin Stanislawski persönlich, dennoch erlangte ihre Interpretation seines Systems nie die gleiche Bekanntheit wie Strasbergs *Method*.[99]

3.2.2.3 Sanford Meisner

Während Lee Strasbergs *Method Acting* das Hauptaugenmerk des Schauspielers auf die eigene Gedankenwelt lenkt und Stella Adlers Technik sich hauptsächlich mit auf der Bühne

---

[95] Vgl. Ebd., Seite 46f; 98f.
[96] Vgl. Ebd., Seite 63.
[97] STEINMETZ: Lee Strasberg Institute.
[98] Vgl. o.V.: Stella Adler. - http://www.imdb.com/name/nm0012245/bio (30.1.2012)
[99] Vgl. KISSEL, Howard (Hg.): Stella Adler. Die Schule der Schauspielkunst. – Berlin: Henschel 2010, Seite 10.

vollzogenen Handlungen beschäftigt, konzentriert sich die Schauspiellehre des 1905 geborenen Schauspielers Sanford Meisner - ursprünglich selbst ein Schüler Lee Strasbergs – auf die Interaktion des Schauspielers zu seinen Spielpartnern. Meisner betonte, wie wichtig es sei, seinen Spielpartnern im Rahmen eines Dialogs tatsächlich zuzuhören und aufmerksam dem Inhalt ihres Textes zu lauschen, um anschließend den vom Spielpartner ausgesandten Impuls aufzugreifen und zu antworten, anstatt lediglich ein Stichwort zum Einsatz des eigenen Textes in der Rede des anderen abzuwarten.[100] Daher rührt auch Meisners Ausspruch „Schauspielen ist reagieren." („Acting is reacting.")[101]

3.3 Modernes Schauspielen bei Kleist und Schiller

Wenden wir uns nach diesem ausführlichen Exkurs in die Welt der Schauspieltechniken wieder dem Kernthema dieser Arbeit zu: Den Theorien Schillers und - insbesondere - Kleists zu Anmut und Grazie. Die zuvor behandelten Texte *Über das Marionettentheater* und *Über Anmut und Würde* lassen darauf schließen, dass diese beiden Dichter - ebenso wie Konstantin Stanislawski und seine Zeitgenossen - vor allem nach Werten wie Authentizität, Echtheit, Wahrhaftigkeit und Natürlichkeit strebten, die sie mit dem wohlklingenden Begriff „Grazie" umschrieben. Aus diesem Grund leben Kleists und Schillers Theorien in der Schauspielkunst fort.

Den Gegensatz, der für Heinrich von Kleist wahre und dauerhafte Grazie beim Menschen unmöglich macht, nämlich die Vorherrschaft des reflexiven Bewusstseins gegenüber dem Unbewussten, versuchte Stanislawski mit seinem System außer Kraft zu setzen. Er spielte also gewissermaßen mit Kleists Grazie-Prinzip, indem er mit der von ihm entwickelten Technik das Unbewusste durch das Bewusste ermöglichen wollte.[102] Dies ist ihm – gemessen am Erfolg seiner Methode und an den Künstlern, die sie hervorgebracht hat – sicherlich gelungen. An dem Sachverhalt, den Kleist in seinem Text *Über das Marionettentheater* so beklagt, nämlich, dass unser reflexives Bewusstsein Grazie außer in kurzen Momenten der Selbstvergessenheit zur Gänze ausschließt, konnte er jedoch nichts ändern. Mit seiner Technik lassen sich lediglich eben jene Momente der Selbstvergessenheit, des Aufgehens in der Rolle, gezielt herstellen. Auch Friedrich Schiller deutet in seiner Abhandlung *Über Anmut und Würde* an, dass es möglich sein könnte, die menschliche Selbstreflexion bewusst zu „verstecken", das heißt für Zuschauer unsichtbar zu machen, und so zur Grazie zu

---

[100] Vgl. o.V.: Hintergrund Informationen zur Meisner Technik. - http://www.muenchen-film-akademie.de/Schauspiel/Schauspielausbildung/Meisner%20Technik (30.1.2012)
[101] Ebd.
[102] Vgl. STEGEMANN: Stanislawski – Reader, Seite 88.

gelangen.[103] Aus diesem Grund handelt es sich bei den Darstellenden Künsten um den Bereich menschlichen Wirkens, in dem Grazie wohl noch am ehesten zu suchen und zu finden ist, denn im täglichen Leben sind Prinzipien wie die Anwendung des emotionalen Gedächtnisses, die, um es wie Schiller auszudrücken, nicht den natürlichen Trieben des Menschen entspringen, dafür aber zu Grazie führen[104], nicht dauerhaft realisierbar.

Hiermit wären wir wieder bei der Kernproblematik dieser Arbeit: Dem Verlust der Grazie. Folgen wir Kleists Argumentation, so wäre Grazie ursprünglich, also vor dem Sündenfall im Paradies, natürlichem Handeln entsprungen. Nach dem Sündenfall müssen wir jedoch – wie Schiller schreibt – widernatürlich, das heißt gegen unsere Natur, handeln, um sie kurzfristig, zum Beispiel zu schauspielerischen Zwecken, zu erhaschen.

3.3.1 Schauspielen als Resultat einer schönen Seele

Schiller bringt noch einen weiteren Aspekt in diese Thematik mit ein: Seiner Meinung nach ist Grazie das Resultat einer schönen Seele. Bezieht man diese Behauptung, die der bürgerlichen Definition der Grazie folgt, auf die zuvor erläuterten Schauspieltechniken, insbesondere auf das emotionale Gedächtnis, so lässt sich daraus schließen, dass sich Authentizität – oder eben Grazie – nur aus authentischen und lebhaften (emotionalen) Erinnerungen[105] des Schauspielers ergibt, nicht aus heuchlerischem Mimen. Die Persönlichkeit des Schauspielers muss also ausreichend „Material", ausreichend Ressourcen anzubieten haben, aus denen der Schauspieler für seine Darstellung schöpfen kann.[106] Das bedeutet nicht, dass es sich bei einem darstellenden Künstler im Sinne der „schönen Seele" um einen reinen Gutmenschen handeln muss, sondern lediglich, dass sein Charakter authentisch und reich an Lebenserfahrung und Emotion sein muss, nicht abgehoben und wirklichkeitsfremd.

3.3.2 Schauspielen als Resultat von Kontrolle

Mit dem Charakter des Schauspielers ist dessen Arbeit aber noch nicht getan. Hinzu kommen eiserne Disziplin, Technik und Konzentration. Dies kommt der zuvor beschriebenen aristokratischen Definition der Grazie gleich, die von totaler, gleichsam mathematischer Kontrolle über den Ausdruck ausgeht und im Bezug auf Heinrich von Kleists Aufsatz von

---

[103] Vgl. SCHILLER: Anmut und Würde, Seite 90.
[104] Vgl. Ebd., Seite 85f.
[105] Vgl. WERMELSKIRCH: Lee Strasberg, Seite 45f.
[106] Vgl. STEINMETZ: Lee Strasberg Institute.

Bedeutung ist.[107] Auch beim Schauspielen ist Kontrolle essentiell. Geht beim Schauspieler etwa die Konzentration verloren, kommt Nervosität oder innere Unruhe auf, so setzt die Selbstbeobachtung sogleich wieder ein, was der Authentizität der Darstellung schadet. Dieser Sachverhalt macht die Existenz eines Regisseurs, der den Schauspieler an seiner statt beobachtet und seine Darstellung beurteilt, notwendig. Wäre der Schauspieler gezwungen, seine Darstellung selbst zu beurteilen, so würde er erneut der Selbstreflexion verfallen. Der Schauspieler ist also auf das Beherrschen seiner Technik angewiesen, um seine Darstellung kontrollieren zu können und ebenso auf einen Regisseur, der die Arbeit des Schauspielers beobachtet und beurteilt.[108]

3.3.3 Schauspielen als „Wieder-Kind-Sein"

Bei Kindern ist dem nicht so. Viele Regisseure bezeichnen Kinder als die besten Schauspieler, da sie nicht im eigentlichen Sinne „spielen", sondern wirklich „sind". Kinder haben die Fähigkeit, sich dank ihrer oft grenzenlosen Fantasie problemlos in eine fiktive Situation hineinzuversetzen, weswegen sie keinerlei Schauspieltechniken benötigen.[109] Dies mag einer der Gründe sein, weshalb Stella Adler in ihrer Auslegung des Stanislawski-Systems der Fantasie eine solche Bedeutung beimisst und ihre Schüler dazu anregt, sich mit kindlicher Fantasie ans Schauspielen heranzuwagen.[110] Kinder scheinen offenbar einen natürlicheren Zugang zur Grazie zu haben, der mit dem Erwachsenwerden verlorengeht, wie auch Heinrich von Kleist festgestellt hat, dessen im ersten Teil erwähnte Anspielung auf die kindliche Unschuld, die zu Grazie führen kann, eine solche Interpretation des Schauspielens als ein „Wieder-Kind-Sein" untermauert.

3.4 Zusammenfassung

Abschließend lässt sich festhalten, dass ein dauerhaftes Ausschalten des dem Menschen eigenen reflexiven Bewusstseins wohl nicht möglich ist, Schauspiellehrer wie Stanislawski jedoch Möglichkeiten gefunden haben, dieses Bewusstsein in andere Bahnen zu lenken und somit dem Schauspieler zunutze zu machen. Schlüssel zur Grazie ist somit ein immer nur kurz aufrechtzuerhaltendes Gleichgewicht zwischen Bewusstem und Unbewusstem, Gefühl und Verstand, aristokratischer (Kontrolle) und bürgerlicher (schöne Seele) Definition der

---

[107] Vgl. BLAMBERGER: Kleist. Biographie, Seite 353.
[108] Vgl. WESTON: Directing Actors, Seite 8.
[109] Vgl. Ebd., Seite 61.
[110] Vgl. KISSEL: Stella Adler, Seite 53-62.

Grazie.[111] Von diesem Gleichgewicht sprach auch der französische Schriftsteller Denis Diderot, der sich im 18. Jahrhundert intensiv mit dem Theater und der Schauspielkunst auseinandersetzte:

> „Ein Schauspieler, bloß mit Verstand und Urteilsvermögen ausgestattet, ist kalt; einer mit bloßer Begeisterung und Empfindung, ist verrückt. Eine ganz eigene Verbindung von Vernunft und Wärme erschafft die große Persönlichkeit."[112]

Bisher haben wir Grazie zur verständlicheren Veranschaulichung lediglich auf den Bereich des Schauspielens bezogen, doch auch Sänger und Tänzer leben und arbeiten von und nach den oben erläuterten Prinzipien.[113] Denn an allen erfolgreichen darstellenden Künstlern fasziniert uns vor allem die Mühelosigkeit, mit der sie ihre Kunst zu beherrschen scheinen: Tänzer, die feengleich über den Boden schweben; Sänger, die selbst die anspruchsvollsten Koloraturen mit Leichtigkeit meistern und Schauspieler, die in die abstraktesten und dennoch faszinierendsten Rollen einzutauchen wissen. Diese scheinbare Mühelosigkeit und Perfektion, dieses „Verbergen von Mühe", mit dem uns herausragende Künstler begeistern, das ist Grazie. Eine Grazie, die sich diese Künstler durch viel Übung und Training, das es sich nicht anzumerken lassen gilt, erarbeitet haben.

Wenn Kleist also davon spricht, dass Grazie beim Menschen seit dem Sündenfall verlorengegangen ist, so hat er insofern recht, als der Mensch Grazie nur kurzfristig und mit großem Aufwand zu erlangen imstande ist. Eine Tatsache, die für Kleist frustrierend war und an der er letztendlich verzweifelte, wie seine tragische Lebensgeschichte zeigt. Jeder Künstler aber – und „jeder Mensch ist ein Künstler"[114] – sollte diese Gegebenheit als eine Herausforderung ansehen, um unermüdlich an sich selbst zu arbeiten, zu wachsen und zu lernen, und sich so seine ganz persönlichen Momente der Grazie Stück für Stück zu erkämpfen. Denn: „Es gibt keine Kunst, die nicht Virtuosität erforderte, und es gibt kein Höchstmaß für diese Virtuosität."[115]

---

[111] GLOTZBACH: ‚Strahlend und herrschend', Seite 14.
[112] Brief an Mlle Jodin; zitiert nach: WERMELSKIRCH: Lee Strasberg, Seite 60.
[113] Vgl. WERMELSKIRCH: Lee Strasberg, Seite 131.
[114] BEUYS, Joseph: www.zitate-online.de/sprueche/kuenstler-literaten/18268/jeder-mensch-ist-ein-kuenstler.html (6.2.2012)
[115] STEGEMANN: Stanislawski – Reader, Seite 423f.

Nachwort

Im Laufe meiner Recherchen zu dieser Fachbereichsarbeit bin ich immer wieder auf Behauptungen gestoßen, wonach der Text *Über das Marionettentheater* den Schlüssel zum Verständnis von Heinrich von Kleists tragischer Lebensgeschichte darstellt und die Erkenntnis des Dichters von der Unmöglichkeit dauerhafter Grazie den Hauptgrund für dessen Selbstmord darstellt. Dies legt den Umkehrschluss nahe, dass das (kurzfristige) Erlangen von Grazie zu einem glücklicheren, erfüllteren Leben beitragen könnte: „Ich verdiene nicht, unglücklich zu sein, und werde es nicht immer bleiben."[116] So könnte ein Gleichgewicht von Gefühl und Verstand der Menschheit helfen, gleichsam ihr ureigenstes innerstes Gleichgewicht zu finden, verstärkt auf Regungen und Impulse des Unbewussten und der inneren Stimme zu vertrauen und in Eintracht und Harmonie mit der Natur, der sie entsprungen ist, zu leben: „Der Mensch muss den Mut finden, zu seiner Ursprünglichkeit und Unschuld einen Zugang zu finden."[117] Dabei sollte uns Heinrich von Kleists Theorie vom Verlust der Grazie nicht ernüchtern, sondern motivieren, neue Wege einzuschlagen, um irgendwann – so utopisch dies auch sein mag – erneut vom Baum der Erkenntnis essen zu können und „in den Stand der Unschuld zurückzufallen"[118]. Ob und wie dies möglich sein könnte, bleibt offen.

Ein entscheidender Faktor auf dem Weg dorthin ist jedoch mit Sicherheit das zuvor angesprochene „Wieder-Kind-Sein". Den Kindern liegt Unschuld, Unverdorbenheit und damit Grazie zugrunde. Sich an ihnen zu orientieren, kann daher nur von Vorteil sein.

---

[116] BARTH, Ilse-Marie (Hg.): Heinrich von Kleist: Sämtliche Werke und Briefe. Band 4. – Berlin: Deutscher Klassiker Verlag 1997, Seite 244; zitiert nach: BLAMBERGER: Kleist. Biographie, Seite 154.
[117] SPISLA: „Marionettentheater" als Schlüssel zu Kleists Werk, Seite 20.
[118] KLEIST: Marionettentheater, Seite 16.

Anhang

ad 2.4 Gegenüberstellung von Kleists und Schillers Theorien

Theorie	Kleist	Schiller
Ursprung der Grazie	„Naturprodukt" durch unbewusstes Handeln	Vom Menschen bewusst hervorgebracht; nicht naturgegeben
Kategorie der Moral	Sündenfall → reflexives Bewusstsein → Kongruenz von äußerer und innerer Schönheit (Moral) nicht vorhanden	Moralisch korrekt handelnder Mensch → schöne Seele → Grazie
Selbstbestimmung	Marionettenfigur symbolisiert Freiheit durch fehlendes reflexives Bewusstsein	Freiheit und Selbstbestimmung des Menschen führen zu Grazie
Fehlen der Grazie	Affektiertheit	Affektiertheit
Definition	Mühelos scheinendes, schönes Tun	Mühelos scheinendes, schönes Tun
Gravität/Antigravität	Antigravität der Marionette; feengleich	Vorgetäuschte Würde → Gravität
Verlust der Grazie	Durch Selbstreflexion	Durch offensichtliche Selbstreflexion

ad 3.3 Modernes Schauspielen bei Kleist und Schiller

und

3.4 Zusammenfassung

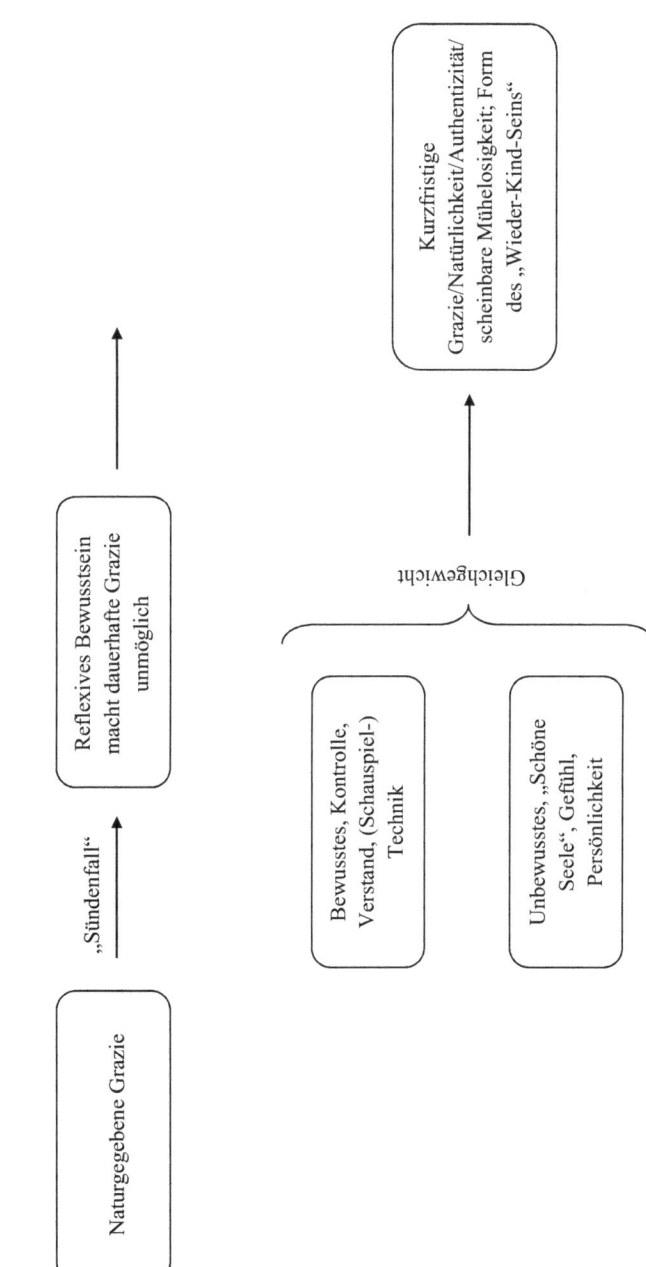

Naturgegebene Grazie

„Sündenfall"

Reflexives Bewusstsein macht dauerhafte Grazie unmöglich

Bewusstes, Kontrolle, Verstand, (Schauspiel-) Technik

Unbewusstes, „Schöne Seele", Gefühl, Persönlichkeit

Gleichgewicht

Kurzfristige Grazie/Natürlichkeit/Authentizität/ scheinbare Mühelosigkeit; Form des „Wieder-Kind-Seins"

Quellenverzeichnis

Primärliteratur

DIE BIBEL, Einheitsübersetzung der Heiligen Schrift. - Klosterneuburg: Katholisches Bibelwerk Klosterneuburg 1986.

KISSEL, Howard (Hg.): Stella Adler. Die Schule der Schauspielkunst. – Berlin: Henschel 2010.

KLEIST, Heinrich von: Über das Marionettentheater; in: SEMBDNER, Helmut (Hg.): Über das Marionettentheater. Aufsätze und Anekdoten. - Frankfurt/Main: Insel 1980.

SCHILLER, Friedrich: Über Anmut und Würde. - Stuttgart: Reclam 2006.

SHAKESPEARE, William: Hamlet. – Husum: Hamburger Lesehefte 2008.

STANISLAWSKI, Konstantin: Mein Leben in der Kunst. – Berlin: Henschel 1987.

STEGEMANN, Bernd (Hg.): Stanislawski – Reader. Die Arbeit des Schauspielers an sich selbst und an der Rolle. – Leipzig: Henschel 2011.

WERMELSKIRCH, Wolfgang (Hg.): Lee Strasberg. Schauspielen und das Training des Schauspielers. – Berlin: Alexander Verlag 2007.

Sekundärliteratur

BARTH, Ilse-Marie (Hg.): Heinrich von Kleist: Sämtliche Werke und Briefe. Band 4. – Berlin: Deutscher Klassiker Verlag 1991.

BLAMBERGER, Günter: Heinrich von Kleist. Biographie. - Frankfurt/Main: S. Fischer 2011.

BRAUNECK, Manfred: Die Welt als Bühne. Geschichte des europäischen Theaters, Band 1. - Stuttgart: J.B. Metzler 1993.

DÖRING, H.: Friedrich von Schillers Biografie. - Bremen: Europäischer Hochschulverlag 2009.

DROSDOWSKI, Günther (Hg.): Duden. Das Fremdwörterbuch. - Mannheim: Bibliographisches Institut 1974.

GLOTZBACH, Maria: "Strahlend und herrschend" - Kleists Ansprüche an die Grazie und ihre Verkörperung im mechanischen Wesen. - Norderstedt: GRIN 2004.

GRAEFE, Raphael (Hg.): Heinrich von Kleist - Geschichte meiner Seele. - Berlin: University Press 2010.

HOFFMEIER, Dieter (Hg.): Konstantin S. Stanislawski. Ausgewählte Schriften. Band 2. – Berlin: Henschel 1988.

LUSERKE-JAQUI, Matthias (Hg.): Schiller Handbuch. - Stuttgart: J.B. Metzler 2011.

MUELLER - SEIDEL, Walter (Hg.): Kleists Aufsatz über das Marionettentheater: Studien und Interpretationen. - Berlin: Schmidt, 1967.

POSTMA, Heiko: „Welche Unordnungen in der natürlichen Grazie des Menschen das Bewußtsein anrichtet." Über den deutschen Dichter Heinrich von Kleist. - Hannover: jmb 2011.

SCHOLZ, Ingeborg: Heinrich von Kleist: Über das Marionettentheater. Analysen und Reflexionen, Bd. 33. - Hollfeld: Beyer 2008.

SEIDENSTICKER, Bernd: Das antike Theater. - München: C.H. Beck 2010.

SEMBDNER, Helmut (Hg.): Heinrich von Kleists Lebensspuren. Dokumente und Berichte der Zeitgenossen. - Frankfurt/Main: Insel 1977.

SEMBDNER, Helmut (Hg.): Über das Marionettentheater. Aufsätze und Anekdoten. - Frankfurt/Main: Insel 1980.

SPISLA, David: Der Aufsatz „Über das Marionettentheater" als Schlüssel zu Kleists Werk. - Norderstedt: GRIN 2010.

WEBER, Carl W.: Brot und Spiele. Massenunterhaltung als Politik im antiken Rom. – Herrsching: Pawlak 1989.

WESTON, Judith: Directing Actors. – Los Angeles: Michael Wiese 1996.

Internet

BEUYS, Joseph: Zitat. - www.zitate-online.de/sprueche/kuenstler-literaten/18268/jeder-mensch-ist-ein-kuenstler.html (6.2.2012)

BORCHOLTE, Andreas: ‚Menschliche Körper und Mathematik, das funktioniert nicht'. - http://www.spiegel.de/kultur/kino/0,1518,740782,00.html (28.1.2012)

o.V.: Hintergrund Informationen zur Meisner Technik. - http://www.muenchen-film-akademie.de/Schauspiel/Schauspielausbildung/Meisner%20Technik (30.1.2012)

SCHILLER, Friedrich: Über die ästhetische Erziehung des Menschen. - http://gutenberg.spiegel.de/buch/3355/1 (3. Jänner 2012)

STEINMETZ, Brigitte: Hollywood. Das glorreiche Lee Strasberg Institute. - http://www.merian.de/magazin/hollywood-lee-strasberg-institute.html (28.1.2012)

o.V.: Stella Adler. - http://www.imdb.com/name/nm0012245/bio (30.1.2012)

o.V.: Tom Cruise. - http://www.thebiographychannel.co.uk/biographies/tom-cruise.html (29.1.2012)